DE LA CONSTITUTION

DES SOCIÉTÉS

EN VUE DE L'ÉTABLISSEMENT D'ÉCOLES LIBRES

PAR MM.

BENOIST
Ancien avocat général près la Cour
de cassation,

A. D'HERBELOT
ancien avocat général près la Cour
d'appel de Paris,

A. PAGÈS
Ancien substitut du procureur général près la Cour d'appel de Paris.

NOUVELLE ÉDITION

MISE AU COURANT DE LA JURISPRUDENCE

ET SUIVIE D'UN

PROJET DE STATUTS D'UNE SOCIÉTÉ CIVILE

EN VUE DE LA FONDATION D'UNE ÉCOLE CHRÉTIENNE LIBRE

PRIX : 1 fr. 50 c.

PARIS

BUREAUX DE LA SOCIÉTÉ GÉNÉRALE D'ÉDUCATION
35, rue de Grenelle, 35.

1888

DE LA CONSTITUTION
DES SOCIÉTÉS

EN VUE DE L'ÉTABLISSEMENT D'ÉCOLES LIBRES

PAR MM.

BENOIST
Ancien avocat général près la Cour
de cassation.

A. D'HERBELOT
ancien avocat général près la Cour
d'appel de Paris.

A. PAGÈS
Ancien substitut du procureur général près la Cour d'appel de Paris.

NOUVELLE ÉDITION

MISE AU COURANT DE LA JURISPRUDENCE

ET SUIVIE D'UN

PROJET DE STATUTS D'UNE SOCIÉTÉ CIVILE

EN VUE DE LA FONDATION D'UNE ÉCOLE CHRÉTIENNE LIBRE

PARIS

BUREAUX DE LA SOCIÉTÉ GÉNÉRALE D'ÉDUCATION

35, rue de Grenelle, 35.

—

1888

DE LA

CONSTITUTION DES SOCIÉTÉS

EN VUE DE L'ÉTABLISSEMENT D'ÉCOLES LIBRES [1]

La nécessité de lutter, par la création de nombreuses écoles libres, contre les écoles publiques, au service desquelles l'Etat met tout son pouvoir et une notable partie du budget, a inspiré à beaucoup d'hommes généreux et dévoués la pensée de concerter leurs efforts et d'unir leurs ressources pour assurer, par la constitution de sociétés légales, la sécurité et la durée des œuvres qu'ils veulent entreprendre. Ce travail a pour but de les aider dans l'accomplissement de leur tâche, en leur donnant quelques indications générales et pratiques qu'ils pourront mettre à profit, soit pour déterminer la forme et les caractères essentiels du contrat qu'ils ont en vue, soit pour dresser l'acte qui le constatera dans des conditions de validité et de régularité indiscutables.

Nous ne prétendons pas avoir prévu toutes les hypothèses et toutes les combinaisons possibles ; nous ne nous flattons pas non plus d'avoir résolu toutes les difficultés qui peuvent s'élever en cette matière. Nous ne saurions au contraire trop engager les personnes auxquelles nous nous adressons à ne pas se contenter de nos avis et à réclamer, toutes les fois que cela sera nécessaire, ceux des hommes d'affaires expérimentés à qui elles ont coutume de donner leur confiance ;

---

(1) Ce travail a été originairement délibéré dans la séance du Comité du contentieux de la Société d'Education du 5 juin 1882 ; on s'est servi, pour le compléter, des solutions admises, dans ses diverses consultations, par le même Comité.

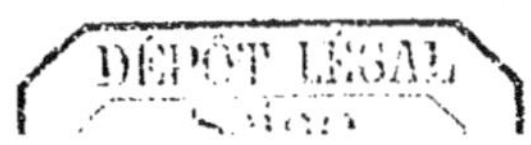

c'est d'accord avec eux que devront être arrêtés définitivement les statuts des sociétés qu'elles se proposent de constituer. Notre ambition se borne à leur donner quelques conseils, qui, même dans cette mesure restreinte, ne seront peut-être pas tout à fait sans utilité.

I

CARACTÈRES ESSENTIELS DU CONTRAT DE SOCIÉTÉ.

Le contrat de société, contrat de droit commun, ne perd rien de sa légalité pour être appliqué à créer, soutenir ou exploiter des établissements d'instruction. L'article 17 de la loi du 15 mars 1850 l'avait au contraire expressément prévu, en disant que les écoles libres pouvaient être fondées et entretenues par des particuliers ou par des *associations*, et ces expressions ont été maintenues dans l'article 2 de la loi du 30 octobre 1886. Aussi, que la société se propose tout à la fois d'acquérir un immeuble ou de le louer, d'y édifier des bâtiments, d'y établir une école et de l'exploiter elle-même, ou bien qu'elle limite son objet à une seule ou à plusieurs de ces opérations, laissant le surplus aux soins d'une autre société, d'une congrégation ou d'une association, elle n'en sera pas moins parfaitement légale. Il importe seulement qu'elle soit une société véritable, ne se confondant ni avec une œuvre charitable, ni avec une simple association, qui ne pourraient prétendre aux privilèges conférés par la loi à la société.

Dans cet ordre d'idées, il ne faut pas oublier que les statuts ne peuvent déroger à aucune des trois règles fondamentales suivantes :

1° Chaque associé doit faire un apport à la société. Apport en nature, apport en argent, apport en industrie personnelle ; la loi ne distingue pas (art. 1833, C. civ.) ; mais il faut un apport sérieux, défini et appréciable. Une société serait absolument nulle si un de ses membres était affranchi de cette obligation.

2° La société doit nécessairement se proposer la réalisation d'un bénéfice, c'est une condition indispensable (art. 1832,

C. civ.). Une société serait absolument nulle si elle n'avait pas un tel objet; elle pourrait être une œuvre de charité, elle ne serait pas une société. Le bénéfice à réaliser doit être le résultat des opérations statutaires, et il serait extrêmement périlleux de demander à des libéralités l'accroissement du patrimoine social. Juridiquement, il est très douteux qu'une société soit capable de recevoir des dons ou des legs, soit parce qu'elle n'a pas la capacité juridique de recevoir, si elle a le caractère d'une société civile; soit parce que son développement à l'aide de libéralités est en dehors de son but, même si elle a le caractère d'une société commerciale. En ce qui touche les sociétés commerciales, la jurisprudence et la doctrine peuvent hésiter, suivant qu'elles attribuent une importance plus ou moins grande à cette dernière considération; mais ces hésitations ne paraissent pas admissibles lorsqu'il s'agit d'une société civile. (V. en ce sens : arrêt de la Cour de Paris du 25 mars 1881, Dalloz, 1882, 2, 215.) Décider autrement serait contraire aux principes généraux du droit et constituerait un danger véritable pour les sociétés dont nous nous occupons : des héritiers malintentionnés s'opposant à l'exécution du testament, un associé dissident poursuivant la nullité de la société qui aurait aliéné son caractère propre pour ne plus être qu'une caisse de bienfaisance, le gouvernement l'inquiétant comme une association déguisée, telles pourraient être, en fait, les conséquences de l'inobservation de cette règle, qui nous paraît devoir être inflexible. A côté de la société propriétaire, il y aura ordinairement un comité chargé de l'exploitation, une congrégation ou des instituteurs; c'est à eux et non pas à la société que pourront sans inconvénients être adressées les libéralités (1).

Les bénéfices réguliers de la société peuvent être de diverse nature : si elle exploite elle-même l'établissement, elle pourra percevoir les droits d'écolage qu'acquitteraient les parents ou des personnes généreuses, le prix de la pension de quelques élèves internes, si la maison peut en recevoir, ou encore le loyer de certaines parties de l'immeuble qui ne seraient pas

____

(1) V. sur ce point les consultations de M. Benoist publiées dans le *Bulletin de la Société d'Education* des 15 septembre et 15 décembre 1887, pages 597 et 760.

nécessaires à l'école. Si la société n'est que propriétaire (et cette situation paraît généralement préférable), son bénéfice proviendra de la location qu'elle consentira à un instituteur, à une congrégation autorisée, à un particulier, à un comité diocésain, paroissial ou local. Les bénéfices devront être partagés annuellement entre tous les associés, sauf la part attribuée à la réserve statutaire.

3° Tous les associés doivent avoir une part de bénéfices, proportionnelle à leur mise dans le fonds social, ou déterminée par l'acte statutaire. (Art. 1853, C. civ.)

L'un des objets de la société étant le partage des bénéfices, celui qui n'y participerait pas ne serait pas un associé véritable, et la société serait viciée par cette circonstance.

II

SOCIÉTÉS CIVILES ET SOCIÉTÉS COMMERCIALES.

La loi distingue les sociétés civiles et les sociétés commerciales. Nous croyons sans intérêt de nous occuper de ces dernières. En effet, une société ne revêt pas à son gré l'un ou l'autre de ces deux caractères; ce sont ses opérations et ses actes qui déterminent sa nature. Elle sera commerciale si elle fait des actes de commerce, et elle sera civile dans le cas contraire. (V. en ce sens : Cassation, arrêt du 28 janvier 1884; Dalloz 1884, I, p. 146.)

Il a été décidé :

Que l'exploitation d'un établissement d'enseignement ne constitue pas un acte de commerce. (Paris, arrêt du 23 juillet 1852; *Journal du Palais*, 1853, 1, 98.)

Qu'il en est de même de la location d'immeubles qui doivent être ensuite sous-loués à l'usage d'écoles ou avec toute autre destination. (Paris, arrêt du 13 juillet 1861; *Journal du Palais*, p. 929.)

Qu'il en est ainsi encore de l'acquisition de terrains et de la construction de maisons, alors même que ces immeubles devraient être revendus. (Paris, arrêts du 15 février 1868 et 29 août 1868; Dalloz, 1868, II, p. 208.)

On peut donc conclure qu'à moins de circonstances exceptionnelles les opérations relatives à la construction ou même à l'exploitation d'une école ne pourront rendre commerciale la société qui s'en chargera. Elle restera une société civile.

Comme société civile, elle pourra d'ailleurs adopter, pour sa constitution, soit la forme civile, soit la forme commerciale.

Le choix à faire entre ces deux formes dépend évidemment des circonstances. Il présente cependant une certaine délicatesse et autorise certaines hésitations. Il est donc utile de bien marquer les avantages et les inconvénients qui découleront de l'adoption de l'un ou de l'autre régime.

III

SOCIÉTÉS CONSTITUÉES DANS LA FORME CIVILE.

La société qui se constitue dans cette forme est régie par les dispositions du droit commun et soumise aux règles du Code civil; elle est moins exposée aux variations de la législation, qui a si souvent modifié le régime des sociétés commerciales, et présente d'ailleurs des avantages sérieux.

Ainsi :

1° La société, aussitôt que l'acte qui en consacre l'existence est rédigé, peut commencer ses opérations, sans avoir à se préoccuper de compléter la souscription de son capital ou d'en exiger le versement en tout ou en partie, et aussi sans avoir à recourir à aucune publicité préalable. (Vavasseur, *Traité des Sociétés*, I, 72.)

2° Elle peut user d'une liberté absolue dans le choix de ses administrateurs, lorsque leur mandat est gratuit; elle se distingue ainsi des sociétés commerciales ou des sociétés civiles à forme commerciale (1), qui ne peuvent compter sur le concours des magistrats, avocats, notaires et d'autres personnes, dont la profession est considérée comme incompatible avec les actes d'une gestion commerciale.

3° Il lui est permis, comme aux sociétés de commerce, de diviser son capital en actions ou en parts sociales, dites d'ordinaire *parts d'intérêts*. (Vavasseur, I, 98.)

4° Les actions qu'elle crée peuvent être, au gré des associés,

(1) La forme anonyme est généralement considérée comme emportant présomption de commercialité.

des actions nominatives ou des actions au porteur, et leur négociation, licite dès le lendemain même de la constitution de la société, peut s'opérer par tradition, par transfert, et par tous les autres modes qu'autoriseront les statuts.

En face des avantages qu'elle présente, il faut signaler les inconvénients qui peuvent résulter de l'adoption de la forme civile par une société :

1° Certains établissements de crédit ne consentent que difficilement à des emprunts contractés par une société civile et préfèrent traiter avec une société anonyme.

2° La société civile ne constituant pas une personne morale, on lui a quelquefois refusé le droit de se faire représenter en justice par le président de son conseil d'administration. La jurisprudence toutefois admet aujourd'hui sans difficulté cette représentation (Paris, arrêt du 27 février 1878 ; Dalloz, 1878, 2, 257), surtout lorsque les statuts contiennent une clause analogue à la clause suivante, qui ne doit pas être omise : « *Pour toute action judiciaire, le président du conseil d'ad-* « *ministration sera seul en cause, tant en demandant qu'en défen-* « *dant, à tous les degrés de juridiction, sans qu'il y ait à justifier* « *d'aucune délibération du conseil. Le président pourra cependant* « *exiger cette délibération pour sa décharge au regard des associés.* »

3° Aux termes de l'article 1863, Code civil, les associés ont, vis-à-vis des tiers, créanciers de la société, une responsabilité qui se divise également entre eux, mais qui peut dépasser le montant de leur mise sociale.

Cet inconvénient grave disparaîtra, au moins pour tous les engagements qui découleront de contrats, sous les deux conditions suivantes :

A. Les statuts contiendront une clause qui pourra être celle-ci : « *Ceux des membres du conseil d'administration qui concourront* « *par leurs signatures aux engagements contractés au nom de la* « *société seront seuls tenus, après épuisement de l'actif social, des* « *conséquences desdits engagements sur leur fortune personnelle* « *au delà de leur mise sociale. Les administrateurs pourront* « *également s'affranchir de cette responsabilité, en ayant soin de* « *stipuler, vis-à-vis des tiers avec lesquels ils contracteront, une* « *décharge spéciale de leur fortune personnelle au delà de leur* « *part sociale. Les autres membres du conseil d'administration,*

« *ainsi que les sociétaires non délégués pour l'administration, ne*
« *pourront jamais être tenus au delà de leur mise sociale. Ils seront*
« *affranchis de toute responsabilité d'engagements qu'ils n'auraient*
« *pas signés et qu'ils ne donnent pas présentement pouvoir de con-*
« *tracter pour eux. En conséquence les tiers n'auront à poursuivre*
« *l'exercice de leurs droits que sur l'actif de la société et sur le pa-*
« *trimoine des sociétaires qui se seraient engagés par leurs signa-*
« *tures, les autres sociétaires se trouvant, par le fait seul de leur*
« *abstention, affranchis de toute responsabilité au delà de leur*
« *mise sociale.* »

B. Tous les actes passés avec les tiers devront commencer
par la formule suivante, qui constate la connaissance qu'ils
ont eue et l'acceptation qu'ils ont faite de la clause statutaire
qui précède :

« *Nous, soussignés (architectes, entrepreneurs, fournisseurs, etc.),*
« *déclarons avoir pris connaissance entièrement d'un acte en date*
« *du   contenant les statuts d'une société civile, statuts*
« *aux termes desquels les associés n'ont donné aucun pouvoir de*
« *les engager sur leur fortune personnelle, les membres du conseil*
« *d'administration qui auront signé les marchés ou donné les ordres*
« *devant être seuls obligés sur leur fortune personnelle lorsqu'ils*
« *n'auront pas limité leur responsabilité à leur apport dans la*
« *société, et nous renonçons expressément à exercer aucun recours ou*
« *action, tant contre les associés que contre les membres du conseil*
« *d'administration au delà de leur mise sociale, acceptant pour seule*
« *garantie l'actif de la société.* »

De cette manière, la fortune des associés sera absolument
à couvert, et il en sera de même de celle des membres du
conseil d'administration, à moins qu'ils n'oublient de stipuler
dans leur intérêt la limitation de responsabilité que, dans
tous les cas, ils doivent, conformément aux statuts, garantir
aux membres de la société.

Pour la simplification des opérations, il sera prudent que
tous les associés donnent au président du conseil d'administration un pouvoir spécifiant avec le plus grand soin tous les
actes d'administration qu'il sera autorisé à faire au nom de la
société, et notamment : de toucher tous capitaux, indemnités
d'expropriation, créances quelconques sur les administrations
publiques, compagnies de chemins de fer, sociétés de crédit,

banques, etc. ; et d'en donner quittance. Il faudra de plus veiller à ce que les procès-verbaux constatant l'élection du président soient rédigés avec soin, afin d'éviter toute contestation sur sa qualité.

Au point de vue fiscal, nous verrons tout à l'heure les avantages de cette forme de société.

IV

SOCIÉTÉS CIVILES CONSTITUÉES DANS LA FORME COMMERCIALE.

Il est permis aux sociétés de se constituer dans la forme commerciale sans abdiquer leur caractère fondamental. Ainsi le veut le principe de la liberté des conventions que la doctrine et la jurisprudence sont d'accord pour maintenir en cette matière. (Vavasseur, I, 347 ; Deloison, *Traité des sociétés*, I, 15 ; Cassation, arrêts du 18 décembre 1871 et du 26 février 1872 ; Dalloz, 1872, 1, 9 ; *Journal du Palais*, 1874, p. 473, note.)

L'adoption de cette forme présentera l'avantage suivant :

De plein droit, et sans aucune stipulation spéciale des statuts, la société sera représentée en justice par le président de son conseil d'administration. C'est la conséquence du privilège de la personnalité civile conférée aux sociétés de cette nature.

On peut se demander si la responsabilité de tous les associés et celle des administrateurs sera strictement limitée à leur mise sociale. La doctrine et les principes juridiques semblent répondre qu'il en sera ainsi, pourvu que la société se constitue *dans la forme anonyme*, la seule de toutes les formes commerciales qui nous paraisse pouvoir être conseillée ici, et pourvu encore qu'elle fasse publier régulièrement ses statuts, ainsi que nous allons le dire tout à l'heure.

Cependant, la jurisprudence ne paraît pas encore fixée en ce sens. Un arrêt de la cour de Douai du 23 mars 1878 (Dalloz, 1879, II, p. 109), et un arrêt de la Cour de cassation, du 21 février 1883 (Dalloz, 1883, I, p. 317), ont décidé que la publicité donnée aux statuts d'une société civile à forme anonyme ne suffisait pas à créer cette irresponsabilité et que, dans chaque acte, elle devait faire l'objet d'une stipulation avec les tiers. Un récent arrêt de la cour de Toulouse, en date du 28 octobre 1886 (Dalloz, 1887, II, p. 245), s'est prononcé en sens contraire.

On voit qu'il sera plus prudent d'user encore ici de la formule dont nous avons donné le texte ci-dessus (V. page 8).

Ajoutons que cette société ne sera *commerciale que dans la forme* et qu'elle restera *civile au fond*, de telle sorte qu'elle ne sera pas justiciable des tribunaux de commerce, qu'elle ne pourra être déclarée en faillite, etc., etc.

Par contre, cette société sera soumise aux règles minutieuses établies par la loi du 24 juillet 1867 sur les sociétés commerciales, et nous devons énumérer les principales :

1° Les articles 15 et 45 de la loi du 24 juillet 1867 ont édicté des peines graves contre les fondateurs ou administrateurs des sociétés commerciales en cas de simulation de souscriptions ou de versements, de manœuvres dolosives tendant à déterminer des souscriptions, ou de distribution de dividendes fictifs, et aussi dans le cas d'émission ou de négociation d'actions avant la constitution régulière de la société. On a souvent soutenu que ces pénalités étaient également applicables aux fondateurs et administrateurs de sociétés civiles ayant revêtu la forme commerciale. La Cour de cassation incline vers une jurisprudence plus favorable et à ne les pas placer sous le coup de ces prescriptions. (Arrêt du 28 novembre 1873 ; Dalloz, 1874, I, 441). Dans tous les cas, et en admettant que cette interprétation de la loi soit maintenue, la Cour suprême n'hésite pas à faire peser, au point de vue civil, sur ces fondateurs ou administrateurs, la lourde responsabilité écrite dans l'article 42 de la même loi, et découlant de toutes les nullités qui affecteraient la constitution de la société. Nulle en droit, cette société serait considérée comme une société de fait, et ses administrateurs pourraient être tenus de tous ses engagements soit vis-à-vis des tiers, soit vis-à-vis des associés eux-mêmes.

2° Les sociétés de cette nature doivent compter sept associés au moins. (Art. 23.)

3° Elles ne peuvent fonctionner avant la souscription intégrale du capital et le versement du quart sur chaque action souscrite. (Art. 1er.)

4° Les actions qu'elles émettent ne sont pas négociables avant le versement du quart sur chaque action. (Art. 2.)

5° Ces actions ne peuvent cesser d'être nominatives et être converties en actions au porteur avant d'être libérées de moitié. (Art. 3.)

6° Une première assemblée générale doit vérifier la sincérité des déclarations faites par les fondateurs et prescrire la vérification des apports en nature. (Art. 4.)

7° Une seconde assemblée générale délibère sur la valeur de ces apports. (Art. 5).

8° L'acte de société doit être publié dans le mois de sa date. A cet effet, il est déposé au greffe de la justice de paix et au greffe du tribunal de commerce du lieu où est établie la société, avec une expédition de la déclaration des fondateurs, des délibérations des deux assemblées générales successives et la liste des souscripteurs. (Art. 55.) Cette publicité doit être faite, en outre, dans un des journaux désignés pour recevoir les annonces judiciaires. (Art. 56.) C'est sur cette publicité que repose juridiquement le contrat tacite intervenu entre la société et les tiers, et aux termes duquel ces derniers reconnaissent notamment n'avoir de droits à faire valoir que sur le fonds social. Elle a donc une importance capitale.

9° En cas de modifications dans les statuts de la société, dans son objet ou dans son capital social, il y a lieu de faire faire de nouvelles publications, conformément aux dispositions qui précèdent. (Art. 61.)

10° Dans tous les actes, factures, annonces, publications et autres documents imprimés ou autographiés, émanés des sociétés anonymes, la dénomination sociale doit toujours être précédée ou suivie immédiatement de ces mots : *Société anonyme*, et de l'énonciation du montant du capital social.

Beaucoup d'autres dispositions pourraient encore être utilement empruntées à la loi du 24 juillet 1867 relativement à la nomination des administrateurs, à leurs fonctions, leurs pouvoirs, leur responsabilité, aux attributions des commissaires, à la tenue et aux attributions des assemblées générales, etc., etc. Sur tous ces points nous nous bornons à renvoyer au texte même de la loi, que l'on trouvera *in extenso* à la fin de ce travail.

V

COMPARAISON ET CHOIX A FAIRE ENTRE CES DEUX FORMES DE SOCIÉTÉ.

Il est impossible de conseiller d'une façon absolue le choix entre les deux formes de société que nous venons de faire connaître. Chacune d'elles présente à des degrés différents des avantages et des inconvénients que nous nous sommes efforcés de mettre en relief et qui devront être pesés soigneusement par les fondateurs.

La société à forme civile est la plus simple, la plus dégagée de formalités minutieuses, la plus libre dans sa constitution et dans son fonctionnement. Elle convient à merveille pour assurer le succès d'opérations peu compliquées et limitées : louer un immeuble construit et le sous-louer à usage d'école, après y avoir fait les appropriations nécessaires ; acheter dans le même but l'immeuble qui abritera l'établissement scolaire et qui peut le recevoir sans qu'il soit besoin d'élever des constructions dispendieuses : tout cela c'est le rôle indiqué d'une société purement civile. S'il s'agit au contraire de grands bâtiments à édifier, de marchés importants et nombreux à passer avec des entrepreneurs, d'une exploitation susceptible de multiplier le nombre des créanciers sociaux et d'accroître ainsi la responsabilité des associés et des administrateurs, la forme commerciale pourra être préférée, parce que c'est celle qui, limitant les risques au fonds social, assure la plus grande somme de sécurité.

Les fondateurs d'une société de cette nature devront donc, avant tout, s'inspirer des circonstances et se souvenir, surtout s'ils adoptent la forme civile, qu'il importe au plus haut point de faire figurer dans les statuts et dans les actes à passer avec les tiers les deux clauses indiquées plus haut (§ 3) (1).

---

(1) On sait que certains engagements peuvent se former sans convention, par exemple par l'effet d'un quasi-contrat ou d'un quasi-délit. Tel est le cas d'un accident survenu à un ouvrier travaillant à une construction, et cet accident, lorsqu'il est imputable à l'imprudence du propriétaire, peut entraîner contre celui-ci une responsabilité. Aucune clause préala-

VI

SOCIÉTÉS A CAPITAL VARIABLE.

Une autre forme de société a quelquefois séduit par ses avantages les fondateurs d'écoles ou autres établissements analogues. Nous voulons parler de la *société à capital variable.*

Voici en effet les avantages qu'elle présente sur la société civile à forme anonyme :

1° La société ne peut pas se constituer valablement avant la souscription intégrale de son capital, mais il suffit, pour sa validité, que le *dixième* ait été versé sur chaque action. (Art. 51, loi du 24 juillet 1867 ; Pont, *Traité des sociétés commerciales,* n°s 1746 et 1747.)

2° Les actions, qui ne peuvent être de moins de 100 francs dans les sociétés anonymes, peuvent n'être que de 50 francs dans les sociétés à capital variable. (Art. 1 et 50, loi du 24 juillet 1867.) Elles peuvent donc compter sur le concours des plus modestes capitalistes, puisque, pour devenir associé, il suffit de verser 5 francs, soit le dixième de l'action.

3° A moins de dispositions contraires des statuts, les associés sont toujours maîtres de retirer le montant des sommes qu'ils ont versées, et cela même en cas de perte de la société, pourvu que le capital social conservé soit égal au dixième au moins du capital souscrit. Une telle société permettrait donc aux pères de famille de ne demeurer associés que pendant le temps de l'éducation de leurs enfants, sauf à être alors remplacés par d'autres pères de famille qui entreraient dans la société afin d'assurer à leur tour à leurs enfants le bienfait de cette éducation.

4° Ces sociétés sont principalement ce que l'on nomme en droit *des sociétés de personnes ;* aussi et pour mieux leur con-

---

blement insérée dans les statuts ne saurait dégager d'une façon certaine de cette responsabilité une des sociétés de la nature de celles dont nous nous occupons dans cette étude ; mais il serait possible de la prévoir utilement en contractant une assurance spéciale contre les accidents. Il en est de même de la responsabilité à l'égard des voisins, en cas d'incendie. Une assurance seule peut en affranchir les associés.

server ce caractère, est-il permis à l'assemblée générale d'exclure tel ou tel associé. (Art. 52, loi du 24 juillet 1867.)

Ce genre de société présente d'un autre côté des inconvénients qui nous paraissent compenser, et au delà, ses avantages: :

1° Les actionnaires qui sont exclus et ceux qui se retirent volontairement demeurent, pendant cinq années, tenus envers les associés et envers les tiers de toutes les obligations existant au moment de leur retraite. (Art. 52, loi du 24 juillet 1867.) Or, au moment de leur retraite, il pourra être difficile, sinon impossible, de mesurer l'étendue de cette responsabilité.

2° Les variations incessantes dans l'importance du capital social peuvent devenir un obstacle extrêmement grave au fonctionnement de la société et par suite au fonctionnement de l'école dont elles pourront même compromettre l'existence. Il en sera ainsi toutes les fois qu'il y aura un écart trop considérable entre le nombre des retraites et celui des admissions nouvelles, et, dans ces conditions, les entreprises sociales manqueront de la sécurité indispensable.

3° L'administration d'une telle société sera forcément assez difficile et sa comptabilité assez compliquée ; par suite les frais de gestion seront nécessairement élevés et constitueront une lourde charge financière.

Ajoutons que ces sociétés sont relativement récentes, qu'elles n'ont peut-être pas encore suffisamment fait leurs preuves, que la jurisprudence n'a pas encore complètement éclairé les dispositions légales qui les concernent, et nous serons, croyons-nous, autorisés à conclure qu'elles ne doivent être conseillées qu'avec beaucoup de réserve.

Notons encore que les sociétés à capital variable peuvent n'être que des sociétés civiles (Loi du 24 juillet 1867, art. 48), et que si elles empruntent les formes commerciales, elles sont alors soumises aux règles énoncées plus haut, notamment en ce qui touche la publicité.

VII

FORMULES ; CLAUSES A INSÉRER ; CLAUSES A ÉVITER.

Ainsi que nous l'avons déjà dit, il nous paraît impossible d'envisager toutes les situations, de tenir compte de toutes les circonstances et de prévoir toutes les hypothèses. C'est simplement à titre d'exemple, et non comme formule générale et complète, que nous présentons le *projet de statuts* annexé à ce travail. Nous rappelons en même temps aux correspondants de la *Société générale d'Éducation et d'Enseignement* que nous sommes à leur disposition pour examiner tous les projets d'actes qui nous seront communiqués.

Nous nous bornerons à signaler ici :

1° Quelques clauses qui doivent, selon nous, prendre place dans les statuts des sociétés conservant la forme civile ;

2° Quelques clauses qui doivent figurer dans les statuts des sociétés adoptant la forme commerciale ;

3° Certaines clauses qui doivent être insérées dans les statuts de toutes les sociétés, quelle que soit leur forme ;

4° Enfin certaines clauses que doivent toujours et dans tous les cas s'interdire les rédacteurs des statuts.

A. Sociétés à forme civile.

On nous permettra de rappeler une fois de plus les deux clauses essentielles, dont nous avons présenté la formule sous le § 3. Elles ont pour but : la première, d'assurer la représentation de la société en justice par le président de son conseil d'administration; la seconde, de limiter au fonds social les droits des tiers, créanciers de la société, à l'exclusion du patrimoine propre des associés et des administrateurs (1).

L'intérêt de la société exige évidemment qu'elle ne puisse jamais perdre son caractère et qu'elle ne puisse être détournée de son but par l'adjonction trop facile d'associés nouveaux, étrangers ou peut-être hostiles à l'esprit de ses fondateurs.

(1) L'expérience de M. le comte de Madre, ancien notaire à Paris, qui a toute compétence en ces matières, nous a fourni la rédaction de ces deux formules.

Une sage précaution consistera donc à ne pas permettre par les statuts que les actions puissent cesser d'être *nominatives*, de telle façon qu'il soit toujours possible de les suivre dans les mains qui les détiendront.

Il faut prévoir aussi la vente des parts sociales, leur transmission par voie héréditaire et les conséquences regrettables que ces mutations de propriété pourraient parfois produire. Sur ce point il, nous paraît utile d'insérer dans les statuts la clause suivante : « *Toute transmission d'une part sociale se fera* « *conformément aux dispositions du Code civil ; elle ne pourra être* « *opposée à la société, qui n'aura elle-même à en tenir compte que* « *lorsqu'elle aura été notifiée au président du conseil d'administration,* « *et au vice-président ou au secrétaire dans le cas où cette transmis-* « *sion aurait lieu au profit du président ; la signification sera men-* « *tionnée sur un registre spécial de mutation tenu au siège de la* « *société pour le bon ordre. La cession devra être autorisée par le con-* « *seil d'administration, qui pourra toujours l'autoriser de préférence* « *au profit d'un sociétaire et moyennant un prix à déterminer tous* « *les ans par l'assemblée générale, sur le vu du bilan. Le conseil de-* « *vra, à peine de déchéance de ce droit, en user dans le mois qui sui-* « *vra la signification à lui faite, comme il vient d'être dit ci-dessus.* « *En cas de concurrence de plusieurs sociétaires ainsi autorisés, la* « *préférence appartiendra à celui qui aura le premier notifié son* « *intention au président du conseil d'administration. Il sera fait état* « *au siège social de ceux des associés qui voudraient cesser de faire* « *partie de la société et auraient signifié ce désir au président du con-* « *seil d'administration, ainsi que de ceux des associés qui voudraient* « *acquérir de nouvelles partes.* »

Cette clause, dont l'utilité est incontestable, est en même temps d'une légalité indiscutable lorsqu'il s'agit d'une société civile, et même, selon nous, lorsqu'il s'agit d'une société commerciale en la forme. La loi du 24 juillet 1867 (art. 50) l'admet expressément dans une hypothèse spéciale, mais les principes généraux du droit permettent d'étendre cette application. (Art. 1861, C. civ.; Deloicon, I, 184, 185 ; Pont, n° 1752 ; arrêt de Paris du 17 août 1877 ; *Journal du Palais*, 1879, page 211.)

La société peut avoir en outre intérêt à racheter elle-même les parts sociales qui seraient mises en vente ou transmises héréditairement. Lorsqu'elle a revêtu la forme civile, et que les tiers, par suite de l'absence d'une publicité qui n'est pas prescrite en ce cas, n'ont pas à compter sur la permanence d'un capital dont ils ne connaissent même pas l'importance, la société peut user de cette forme d'amortissement, en employant par exemple ses bénéfices à l'acquisition de certaines parts, pourvu cependant que ses statuts lui en donnent le droit. Ce droit résultera suffisamment de la clause suivante : « *Dans le mois qui suivra la notification, faite comme il est dit ci-* « *dessus de toute transmission d'une part sociale, la société pourra,* « *par l'organe de son conseil d'administration, exercer, en cas de* « *changement dans la propriété des parts sociales, le retrait desdites* « *parts moyennant le payement, pour chaque part, d'une somme à* « *déterminer chaque année, d'après le bilan, par l'assemblée géné-* « *rale.* » La Cour de cassation n'hésite pas à reconnaître la validité de cette clause. (Arrêt du 24 novembre 1856 ; *Journal du Palais*, 1858, page 68.)

Enfin, même en l'absence de toute transmission, la société peut désirer acquérir une ou plusieurs parts sociales. Elle en a le droit également si les statuts renferment la stipulation suivante : « *La société pourra, quand le conseil d'administration en* « *décidera ainsi, devenir acquéreur à l'amiable de tout ou partie des* « *droits des associés.* »

Pour l'application de toutes ces clauses, il importera de provoquer tous les ans une délibération de l'assemblée générale fixant le prix des cessions dont il s'agit. Les statuts ne peuvent faire sans inconvénients cette fixation une fois pour toutes et à forfait ; le cédant, qui accepterait ce forfait, pourrait être considéré par le fisc comme faisant l'abandon gratuit soit à son cessionnaire, soit à la société, de la plus-value afférente à sa part, et ainsi cette négociation pourrait être frappée d'un droit fort élevé. Telle est du moins la prétention émise par quelques agents de l'administration.

B. Sociétés civiles à forme commerciale.

Ces sociétés, elles aussi, ont le plus grand intérêt à conserver à leurs actions le caractère d'actions nominatives, et elles devront en faire l'objet d'une stipulation expresse dans les actes constitutifs. C'est ainsi seulement qu'elles pourront faire

obstacle à des transmissions fâcheuses, en usant du droit de
ne pas autoriser celles qui, leur étant signifiées, leur paraî-
traient de nature à ne pas être permises.

Pour que l'exercice de ce droit soit possible, il importera
que les statuts de ces sociétés empruntent la première des
trois formules que nous avons données plus haut et qu'une
délibération de l'assemblée générale détermine chaque
année la valeur de l'action. Au moyen de ces précautions,
nous pensons que la société civile à forme anonyme pourra
s'opposer à toute cession qu'elle ne voudrait pas agréer ; mais
nous devons reconnaître que, si cela est indiscutable pour les
sociétés qui conservent la forme civile, cela a été discuté au
contraire pour celles qui empruntent la forme commerciale.
(Pont, n° 1587.) La majorité des auteurs et des arrêts sont
cependant aujourd'hui d'accord avec l'opinion que nous
émettons, mais il n'en reste pas moins que l'adoption de la
forme civile procurera sur ce point un supplément de sécurité.

Les statuts des sociétés civiles à forme commerciale devront
au contraire s'abstenir soigneusement de reproduire les deux
dernières formules ci-dessus relatives au rachat des actions
par la société elle-même. Il est de principe en effet que ces
opérations sont interdites aux sociétés à forme commerciale.
La raison en est facile à comprendre. Par la publicité qu'elles
ont donnée à leur acte de constitution, ces sociétés ont promis
aux tiers la garantie permanente du capital statutaire, et, en
retour, les tiers se sont engagés à ne pas compter sur une
responsabilité autre que celle de la société. Le contrat serait
violé si le capital social pouvait être diminué.

L'impossibilité pour une société à forme commerciale de
racheter ses propres actions est constamment, et sans
exceptions, maintenue par la jurisprudence. (V. en ce sens :
Cassation, arrêt du 19 novembre 1879 : Dalloz, 1880, I,
p. 78.)

D'ailleurs, il convient d'observer que les sociétés dont nous
parlons ici ont intérêt, d'une part, à se constituer, des
réserves pour les circonstances imprévues, et d'autre part à
retenir le plus grand nombre possible de leurs actionnaires
dont le concours moral est leur principale force.

C. Clauses à insérer dans les statuts de toutes les sociétés, quelle que soit leur forme.

La société ne peut pas être formée pour un temps indéterminé, et il ne convient même pas d'ordinaire qu'elle le soit pour un temps trop long; trente années peuvent être considérées comme son terme normal. Mais à l'expiration des trente ans, il pourra être utile de prolonger son existence, comme aussi, avant cette époque, il pourra être opportun d'en prononcer la dissolution. Dans ce double ordre d'idées, nous recommandons la formule suivante : « *La durée de la société est de   années qui commenceront le*

« *La Société pourra se proroger, se dissoudre par anticipation, se fusionner avec une autre Société, modifier ses statuts : mais le conseil d'administration aura seul le droit de prendre l'initiative de ces mesures, qui devront être soumises à une assemblée générale extraordinaire.*

« *Pour délibérer valablement, cette assemblée devra compter un nombre de sociétaires représentant au moins la moitié des parts sociales, et les votes devront réunir au moins les voix des trois quarts des sociétaires présents ou représentés. Les convocations devront être faites par lettres recommandées et annoncer l'objet de l'assemblée.* »

D. — Clauses à éviter dans toutes les sociétés.

Une seule recommandation suffit à cet égard. Pour être inattaquables au point de vue des lois de police, comme au regard de la législation civile, nos sociétés ne doivent admettre aucune clause qui puisse permettre de les confondre avec une association ordinaire ou avec un œuvre de charité. Elles doivent être au fond des sociétés d'affaires et elles doivent dans la forme affirmer leur caractère.

VIII

LÉGISLATION FISCALE.

Des lois fiscales successives ont soumis les sociétés à certains impôts et ont assujetti leurs administrateurs à l'accomplissement de certaines formalités. Toute inobservation de la loi sur ce point rendant la société passible d'amendes considérables, il nous paraît utile de résumer ici ses principales prescriptions.

I. Si l'acte constitutif de la société a été rédigé sous seing privé, il devra être présenté à l'enregistrement dans les trois mois de sa date. (Art. 22, loi du 22 frimaire an VII.) Si cet acte est authentique, il sera présenté à l'enregistrement par le notaire qui l'aura dressé.

II. La constitution de la société donne lieu à la perception de :

1° Un droit fixe de cinq francs (Loi du 22 frimaire an VII, art. 68, et loi du 28 avril 1816, art. 45);

2° Un droit gradué de 5 francs pour un capital inférieur ou égal à 5.000 francs, de 10 francs pour un capital de 5.000 francs à 10.000 francs, de 20 francs pour un capital de 10.000 francs à 30.000 francs et ensuite de 20 francs pour chaque somme de 20.000 francs en plus ou chaque fraction de cette somme. (Loi du 28 février 1872, art. 1 et 2).

Le droit proportionnel n'est dû que si l'acte de société porte obligation, libération ou transmission de biens meubles ou immeubles entre les associés ou autres personnes. Il en est ainsi, par exemple, lorsque la société s'engage à payer tout ou partie du prix restant dû au précédent vendeur de l'immeuble apporté. (Cassation, 23 mai 1859; Dalloz, I, 464. Cassation, 6 février 1878; Dalloz, 1878, I, 257.) Pour éviter le paiement de ce droit, l'apporteur doit rester chargé du paiement de la dette.

III. Les transferts d'actions nominatives entraînent la perception du droit de 50 centimes pour 100 francs sur chaque transmission. Il en est de même de la cession des parts d'intérêts, lorsque la société n'a pas créé de titres d'actions. (Cassation, 7 mars 1866; Dalloz, 1866, I, 119.)

. Le droit de transfert doit être acquitté, à la fin de chaque trimestre, au bureau d'enregistrement du siège social. Les sociétés doivent déposer à ce bureau un relevé des transferts accomplis pendant le trimestre. (Loi du 23 juin 1857, art. 7.)

Les cessions d'actions au porteur par simple tradition, par endossement ou par acte sous seing privé, ne motivent aucune perception spéciale; mais la société doit, à raison de la création des titres de cette nature, acquitter annuellement un droit de 25 centimes pour cent francs, calculé non sur le capital intégral, mais sur les sommes versées. (Lois des 16 septembre 1871 et 30 mars 1872.) La société peut obtenir décharge de ce droit si elle peut justifier, après deux années écoulées, qu'elle ne fait pas de bénéfices.

IV. Les actions, si la société croit utile d'en créer (et il lui est permis de ne pas le faire), doivent être timbrées. Le droit de timbre est de 50 centimes pour 100 francs lorsque la durée de la société n'excède pas dix ans, et de 1 franc pour 100 francs en cas de durée plus longue. (Loi du 5 juin 1850, art. 14.) Si la société le préfère, un abonnement annuel de 5 centimes pour 100 francs peut être subtitué à la perception du droit de timbre; cet abonnement est calculé sur le capital nominal. (Même loi, art. 22.)

On peut échapper à la perception du droit de timbre, en décidant que le seul titre des associés sera un extrait de l'acte statutaire qui pourra leur être délivré à leurs frais.

V. La société doit en outre acquitter un impôt de 3 % sur le montant de ses revenus et bénéfices. (Lois du 29 juin 1872 et 1er déc. 1875.) Cet impôt est calculé sur un revenu présumé de 5 %; les trois premiers trimestres sont payables d'avance, sauf restitution si, à la fin de l'exercice, il est constaté qu'il n'y a pas de bénéfices ou qu'ils sont inférieurs au taux de 5 %.

Pour assurer la perception de ces divers droits, les administrateurs des sociétés doivent :

1° Faire, dans le mois de la constitution de la société, au bureau d'enregistrement du lieu où elle aura son siège, une déclaration faisant connaître l'objet, le siège et la durée de la société, la date de sa constitution et celle de l'enregistrement de l'acte qui l'aura constatée, les noms des directeurs ou gérants, le nombre et le montant des titres émis. (Art. 1er, décret du 17 juillet 1857.)

2° Renouveler cette déclaration en cas de changements dans les éléments de la déclaration primitive. (Même article.)

En cas d'infraction, l'amende est de 100 francs à 5.000 francs. (Art. 10, loi du 23 juin 1857.)

3° Déclarer les transferts et cessions opérés dans le cours de chaque trimestre, et ce, dans les vingt jours à compter de l'expiration du trimestre. (Art. 2, décret du 17 juillet 1857.) La société doit faire l'avance, sauf son recours contre les cessionnaires.

En cas d'infraction, même amende.

4° Déposer au bureau de l'enregistrement, dans les vingt jours de leur date, les comptes rendus, extraits des délibérations des conseils d'administration ou des assemblées d'actionnaires, ou tous autres documents déterminant les revenus ou les dividendes. (Art. 2, loi du 29 juin 1872.) Il n'y a pas lieu de communiquer le registre des délibérations.

En cas d'infraction, même amende.

5° Présenter les titres à la formalité du timbre ou contracter, avant leur émission, l'abonnement annuel dont il est parlé plus haut et qui est plus avantageux pour les sociétés qui ne sont pas assurées de pouvoir toujours distribuer des bénéfices.

En cas d'infraction, amende de 12 % du montant du titre non timbré. (Art. 18, loi du 5 juin 1850.)

Notons que les notaires, rédacteurs des actes de société, ne sont tenus de remplir aucune de ces formalités, sauf l'enregistrement de l'acte lui-même. Toutes les obligations fiscales que nous venons d'énumérer pèsent donc sur les fondateurs et sur les administrateurs.

VI. Les sociétés assujetties aux vérifications de l'enregistrement par les lois du 23 août 1871 et du 21 juin 1875, sont tenues de communiquer aux agents de l'administration les pièces, titres et livres qu'elles détiennent et qui leur sont désignés pour être vérifiés. (Cassation, arrêt du 4 mai 1885; Dalloz, 1885, I, p. 324.) Cette règle s'appliquera plus sévèrement dans les sociétés à forme anonyme que dans les sociétés purement civiles.

VII. Il faut aussi rappeler la prétention que manifeste l'administration de soumettre aux formalités de timbre et d'enregistrement les pouvoirs donnés pour les assemblées générales.

VIII. Aux termes des lois des 20 février 1849 et 30 mars 1872, les biens immeubles des sociétés anonymes, passibles de la contribution foncière, doivent une taxe annuelle de 70 centimes par franc du principal de ladite contribution. Cette taxe est en outre soumise aux décimes auxquels sont assujettis les droits d'enregistrement.

Mais les lois précitées ont passé sous silence les sociétés civiles, qui restent ainsi affranchies de cette mainmorte.

APPENDICE

Loi du 24 juillet 1867 sur les Sociétés.

TITRE PREMIER.

DES SOCIÉTÉS EN COMMANDITE PAR ACTIONS (1).

ART. 1er. Les sociétés en commandite ne peuvent diviser leur capital en actions ou coupons d'actions de moins de cent francs, lorsque ce capital n'excède pas deux cent mille francs, et de moins de cinq cent francs, lorsqu'il est supérieur.

Elles ne peuvent être définitivement constituées qu'après la souscription de la totalité du capital social et le versement, par chaque actionnaire, du quart au moins du montant des actions par lui souscrites.

Cette souscription et ces versements sont constatés par une déclaration du gérant dans un acte notarié.

A cette déclaration sont annexés la liste des souscripteurs, l'état des versements effectués, l'un des doubles de l'acte de société, s'il est sous seing privé, et une expédition, s'il est notarié et s'il a été passé devant un notaire autre que celui qui a reçu la déclaration.

L'acte sous seing privé, quel que soit le nombre des associés, sera fait en double original, dont l'un sera annexé, comme il est dit au paragraphe qui précède, à la déclaration de souscription du capital et de versement du quart, et l'autre restera déposé au siège social.

2. Les actions ou coupons d'actions sont négociables après le versement du quart.

3. Il peut être stipulé, mais seulement par les statuts constitutifs de la société, que les actions ou coupons d'actions pourront, après avoir été libérés de moitié, être convertis en actions au porteur par délibération de l'assemblée générale.

Soit que les actions restent nominatives après cette délibération, soit qu'elles aient été converties en actions au porteur, les souscripteurs primitifs qui ont aliéné les actions et ceux auxquels ils les ont cédées avant le versement de moitié restent tenus au payement du

---

(1) Toutes les dispositions du titre premier que nous publions ici s'appliquent aux Sociétés anonymes, quoique le titre premier ne parle que des Sociétés en commandite par actions.

montant de leurs actions pendant un délai de deux ans, à partir de la délibération de l'assemblée générale.

4. Lorsqu'un associé fait un apport qui ne consiste pas en numéraire, ou stipule à son profit des avantages particuliers, la première assemblée générale fait apprécier la valeur de l'apport ou la cause des avantages stipulés.

La société n'est définitivement constituée qu'après l'approbation de l'apport ou des avantages, donnée par une autre assemblée générale, après une nouvelle convocation.

La seconde assemblée générale ne pourra statuer sur l'approbation de l'apport ou des avantages qu'après un rapport qui sera imprimé et tenu à la disposition des actionnaires, cinq jours au moins avant la réunion de cette assemblée.

Les délibérations sont prises par la majorité des actionnaires présents. Cette majorité doit comprendre le quart des actionnaires et représenter le quart du capital social en numéraire.

Les associés qui ont fait l'apport ou stipulé des avantages particuliers soumis à l'appréciation de l'assemblée n'ont pas voix délibérative.

A défaut d'approbation, la société reste sans effet à l'égard de toutes les parties.

L'approbation ne fait pas obstacle à l'exercice ultérieur de l'action qui peut être intentée pour cause de dol ou de fraude.

Les dispositions du présent article relatives à la vérification de l'apport qui ne consiste pas en numéraire ne sont pas applicables au cas où la société à laquelle est fait ledit apport est formée entre ceux seulement qui en étaient propriétaires par indivis.

7. Est nulle et de nul effet à l'égard des intéressés toute société en commandite par actions constituée contrairement aux prescriptions des articles 1er, 2, 3, 4 et 5 de la présente loi.

Cette nullité ne peut être opposée aux tiers par les associés.

10. Les membres du conseil de surveillance vérifient les livres, la caisse, le portefeuille et les valeurs de la société.

Ils font, chaque année, à l'assemblée générale, un rapport dans lequel ils doivent signaler les irrégularités et inexactitudes qu'ils ont reconnues dans les inventaires, et constater, s'il y a lieu, les motifs qui s'opposent aux distributions des dividendes proposés par le gérant.

Aucune répétition de dividendes ne peut être exercée contre les actionnaires, si ce n'est dans le cas où la distribution en aura été faite en l'absence de tout inventaire ou en dehors des résultats constatés par l'inventaire.

L'action en répétition, dans le cas où elle est ouverte, se prescrit par cinq ans, à partir du jour fixé pour la distribution des dividendes.

Les prescriptions commencées à l'époque de la promulgation de la présente loi, et pour lesquelles il faudrait encore, suivant les lois anciennes, plus de cinq ans, à partir de la même époque, seront accomplies par ce laps de temps.

13. L'émission d'actions ou de coupons d'actions d'une société constituée contrairement aux prescriptions des articles 1er, 2 et 3 de la présente loi, est punie d'une amende de cinq cents à dix mille francs.

Sont punis de la même peine :

Le gérant qui commence les opérations sociales avant l'entrée en fonctions du conseil de surveillance ;

Ceux qui, en se présentant comme propriétaires d'actions ou de coupons d'actions qui ne leur appartiennent pas, ont créé frauduleusement une majorité factice dans une assemblée générale, sans préjudice de tous dommages-intérêts, s'il y a lieu, envers la société ou envers les tiers ;

Ceux qui ont remis les actions pour en faire l'usage frauduleux.

Dans les cas prévus par les deux paragraphes précédents, la peine de l'emprisonnement de quinze jous à six mois peut, en outre, être prononcée.

14. La négociation d'actions ou de coupons d'actions dont la valeur ou la forme serait contraire aux dispositions des articles 1er, 2 et 3 de la présente loi, ou pour lesquels le versement du quart n'aurait pas été effectué conformément à l'article 2 ci-dessus, est punie d'une amende de cinq cents à dix mille francs.

Sont punies de la même peine toute participation à ces négociations et toute publication de la valeur desdites actions.

15. Sont punis des peines portées par l'article 405 du Code pénal, sans préjudice de l'application de cet article à tous les faits constitutifs du délit d'escroquerie :

1° Ceux qui, par simulacre de souscriptions ou de versements ou par publication, faite de mauvaise foi, de souscriptions ou de versements qui n'existent pas, ou de tous autres faits faux, ont obtenu ou tenté d'obtenir des souscriptions ou des versements ;

2° Ceux qui, pour provoquer des souscriptions ou des versements, ont, de mauvaise foi, publié les noms des personnes désignées, contrairement à la vérité, comme étant ou devant être attachées à la société à un titre quelconque ;

3° Les gérants qui, en l'absence d'inventaires ou au moyen d'inventaires frauduleux, ont opéré entre les actionnaires la répartition de dividendes fictifs.

Les membres du conseil de surveillance ne sont pas civilement responsables des délits commis par le gérant.

16. L'article 463 du Code pénal est applicable aux faits prévus par les trois articles qui précèdent.

17. Des actionnaires représentant le vingtième au moins du capital social peuvent, dans un intérêt commun, charger à leurs frais un ou plusieurs mandataires de soutenir, tant en demandant qu'en défendant, une action contre les gérants ou contre les membres du conseil de surveillance, et de les représenter, en ce cas, en justice, sans préjudice de l'action que chaque actionnaire peut intenter individuellement en son nom personnel.

TITRE II

DES SOCIÉTÉS ANONYMES.

21. A l'avenir, les sociétés anonymes pourront se former sans l'autorisation du gouvernement.

Elle pourront, quel que soit le nombre des associés, être formées par un acte sous seing privé fait en double original.

Elles seront soumises aux dispositions des articles 29, 30, 32, 33, 34 et 36 du Code de commerce et aux dispositions contenues dans le présent titre.

22. Les sociétés anonymes sont administrées par un ou plusieurs mandataires à temps, révocables, salariés ou gratuits, pris parmi les associés.

Ces mandataires peuvent choisir parmi eux un directeur, ou, si les statuts le permettent, se substituer un mandataire étranger à la société et dont ils sont responsables envers elle.

23. La société ne peut être constituée si le nombre des associés est inférieur à sept.

24. Les dispositions des articles 1er, 2, 3 et 4 de la présente loi sont applicables aux sociétés anonymes.

La déclaration imposée au gérant par l'article 1er est faite par les fondateurs de la société anonyme ; elle est soumise, avec les pièces à l'appui, à la première assemblée générale, qui en vérifie la sincérité.

25. Une assemblée générale est, dans tous les cas, convoquée à la diligence des fondateurs, postérieurement à l'acte qui constate la souscription du capital social et le versement du quart du capital, qui consiste en numéraire. Cette assemblée nomme les premiers administrateurs ; elle nomme également, pour la première année, les commissaires institués par l'article 32 ci-après.

Ces administrateurs ne peuvent être nommés pour plus de six ans : ils sont rééligibles, sauf stipulation contraire.

Toutefois, ils peuvent être désignés par les statuts, avec stipulation formelle que leur nomination ne sera point soumise à l'approbation, de l'assemblée générale. En ce cas, ils ne peuvent être nommés pour plus de trois ans.

Le procès-verbal de la séance constate l'acceptation des administrateurs et des commissaires présents à la réunion.

La société est constituée à partir de cette acceptation.

26. Les administrateurs doivent être propriétaires d'un nombre d'actions déterminé par les statuts.

Ces actions sont affectées en totalité à la garantie de tous les actes de la gestion, même de ceux qui seraient exclusivement personnels à l'un des administrateurs.

Elles sont nominatives, inaliénables, frappées d'un timbre indiquant l'inaliénabilité et déposées dans la caisse sociale.

27. Il est tenu, chaque année au moins, une assemblée générale à l'époque fixée par les statuts. Les statuts déterminent le nombre d'actions qu'il est nécessaire de posséder, soit à titre de propriétaire, soit à titre de mandataire, pour être admis dans l'assemblée, et le nombre de voix appartenant à chaque actionnaire, eu égard au nombre d'actions dont il est porteur.

Néanmoins dans les assemblées générales appelées à vérifier les apports, à nommer les premiers administrateurs et à vérifier la sincérité de la déclaration des fondateurs de la société, prescrite par le deuxième paragraphe de l'article 24, tout actionnaire, quel que soit le nombre des actions dont il est porteur, peut prendre part aux délibérations avec le nombre de voix déterminé par les statuts, sans qu'il puisse être supérieur à dix.

28. Dans toutes les assemblées générales, les délibérations sont prises à la majorité des voix.

Il est tenu une feuille de présence, elle contient les noms et domicile des actionnaires et le nombre d'actions dont chacun est porteur.

Cette feuille, certifiée par le bureau de l'assemblée, est déposée au siège social et doit être communiquée à tout requérant.

29. Les assemblées générales qui ont à délibérer dans des cas autres que ceux qui sont prévus par les deux articles qui suivent, doivent être composées d'un nombre d'actionnaires représentant le quart au moins du capital social.

Si l'assemblée générale ne réunit pas ce nombre, une nouvelle assemblée est convoquée dans les formes et avec les délais prescrits par les statuts et elle délibère valablement, quelle que soit la portion du capital représenté par les actionnaires présents.

30. Les assemblées qui ont à délibérer sur la vérification des apports, sur la nomination des premiers administrateurs, sur la sincérité de la déclaration faite par les fondateurs, aux termes du paragraphe 2 de l'article 24, doivent être composées d'un nombre

d'actionnaires représentant la moitié au moins du capital social.

Le capital social, dont la moitié doit être représentée pour la vérification de l'apport, se compose seulement des apports non soumis à vérification.

Si l'assemblée générale ne réunit pas un nombre d'actionnaires représentant lamoitié du capital social, elle ne peut prendre qu'une délibération provisoire. Dans ce cas, une nouvelle assemblée générale est convoquée. Deux avis, publiés à huit jours d'intervalle, au moins un mois à l'avance, dans l'un des journaux désignés pour recevoir les annonces légales, font connaître aux actionnaires les résolutions provisoires adoptées par la première assemblée, et ces résolutions deviennent définitives si elles sont approuvées par la nouvelle assemblée, composée d'un nombre d'actionnaires représentant le cinquième au moins du capital social.

31. Les assemblées qui ont à délibérer sur des modifications aux statuts ou sur des propositions de continuation de la société au delà du terme fixé pour sa durée, ou de dissolution avant ce terme, ne sont régulièrement constituées et ne délibèrent valablement qu'autant qu'elles sont composées d'un nombre d'actionnaires représentant la moitié au moins du capital social.

32. L'assemblée générale annuelle désigne un ou plusieurs commissaires, associés ou non, chargés de faire un rapport à l'assemblée générale de l'année suivante sur la situation de la société, sur le bilan et sur les comptes présentés par les administrateurs.

La délibération contenant approbation du bilan et des comptes est nulle, si elle n'a été précédée du rapport des commissaires.

A défaut de nomination des commissaires par l'assemblée générale, ou en cas d'empêchement ou de refus d'un ou de plusieurs des commissaires nommés, il est procédé à leur nomination ou à leur remplacement par ordonnance du président du tribunal de commerce du siège de la société, à la requête de tout intéressé, les administrateurs dûment appelés.

33. Pendant le trimestre qui précède l'époque fixée par les statuts pour la réunion de l'assemblée générale, les commissaires ont droit, toutes les fois qu'ils le jugent convenable dans l'intérêt social, de prendre communication des livres et d'examiner les opérations de la société.

Ils peuvent toujours, en cas d'urgence, convoquer l'assemblée générale.

34. Toute société anonyme doit dresser, chaque semestre, un état sommaire de sa situation active et passive.

Cet état est mis à la disposition des commissaires.

Il est, en outre, établi chaque année, conformément à l'article 9 du Code de commerce, un inventaire contenant l'indication des valeurs mobilières et immobilières et de toutes les dettes actives et passives de la société.

L'inventaire, le bilan et le compte des profits et pertes sont mis à la disposition des commissaires le quarantième jour, au plus tard, avant l'assemblée générale. Ils sont présentés à cette assemblée.

35. Quinze jours au moins avant la réunion de l'assemblée générale, tout actionnaire peut prendre, au siège social, communication de l'inventaire et de la liste des actionnaires, et se faire délivrer copie du bilan résumant l'inventaire et du rapport des commissaires.

36. Il est fait annuellement, sur les bénéfices nets, un prélèvement d'un vingtième au moins affecté à la formation d'un fonds de réserve.

Ce prélèvement cesse d'être obligatoire lorsque le fonds de réserve a atteint le dixième du capital social.

37. En cas de perte des trois quarts du capital social, les administrateurs sont tenus de provoquer la réunion de l'assemblée générale de tous les actionnaires, à l'effet de statuer sur la question de savoir s'il y a lieu de prononcer la dissolution de la société.

La résolution de l'assemblée est, dans tous les cas, rendue publique.

A défaut par les administrateurs de réunir l'assemblée générale, comme dans le cas où cette assemblée n'aurait pu se constituer régulièrement, tout intéressé peut demander la dissolution de la société devant les tribunaux.

38. La dissolution peut être prononcée sur la demande de toute partie intéressée, lorsqu'un an s'est écoulé depuis l'époque où le nombre des associés est réduit à moins de sept.

39. L'article 17 est applicable aux sociétés anonymes.

40. Il est interdit aux administrateurs de prendre ou de conserver un intérêt direct ou indirect dans une entreprise ou dans un marché fait avec la société ou pour son compte, à moins qu'ils n'y soient autorisés par l'assemblée générale.

Il est, chaque année, rendu à l'assemblée générale un compte spécial de l'exécution des marchés ou entreprises par elle autorisés, aux termes du paragraphe précédent.

41. Est nulle et de nul effet à l'égard des intéressés toute société anonyme pour laquelle n'ont pas été observées les dispositions des articles 22, 23, 24 et 25 ci-dessus.

42. Lorsque la nullité de la société ou des actes et délibérations a été prononcée aux termes de l'article précédent, les fondateurs auxquels la nullité est imputable et les administrateurs en fonctions au moment où elle a été encourue, sont responsables solidairement envers les tiers, sans préjudice des droits des actionnaires.

La même responsabilité solidaire peut être prononcée contre ceux des associés dont les apports ou les avantages n'auraient pas été vérifiés et approuvés conformément à l'article 24.

43. L'étendue et les effets de la responsabilité des commissaires envers la société sont déterminés d'après les règles générales du mandat.

44. Les administrateurs sont responsables, conformément aux règles du droit commun, individuellement ou solidairement suivant les cas, envers la société ou envers les tiers, soit des infractions aux dispositions de la présente loi, soit des fautes qu'ils auraient commises dans leur gestion, notamment en distribuant ou en laissant distribuer sans opposition des dividendes fictifs.

45. Les dispositions des articles 13, 14, 15 et 16 de la présente loi sont applicables en matière de sociétés anonymes, sans distinction entre celles qui sont actuellement existantes et celles qui se constitueront sous l'empire de la présente loi. Les administrateurs qui, en l'absence d'inventaire ou au moyen d'inventaire frauduleux, auront opéré des dividendes fictifs, seront punis de la peine qui est prononcée dans ce cas par le n° 3 de l'article 15 contre les gérants des sociétés en commandite.

Sont également applicables en matière de sociétés anonymes les dispositions des trois derniers paragraphes de l'article 10.

TITRE III

DISPOSITIONS PARTICULIÈRES AUX SOCIÉTÉS A CAPITAL VARIABLE.

48. Il peut être stipulé, dans les statuts de toute société, que le capital social sera susceptible d'augmentation par des versements successifs faits par les associés ou l'admission d'associés nouveaux, et de diminution par la reprise totale ou partielle des apports effectués.

Les sociétés dont les statuts contiendront la stipulation ci-dessus seront soumises, indépendamment des règles générales qui leur sont propres suivant leur forme spéciale, aux dispositions des articles suivants.

49. Le capital social ne pourra être porté par les statuts constitutifs de la société au-dessus de la somme de deux cent mille francs.

Il pourra être augmenté par des délibérations de l'assemblée générale, prises d'année en année; chacune des augmentations ne pourra être supérieure à deux cent mille francs.

50. Les actions ou coupons d'actions seront nominatifs, même après leur entière libération; ils ne pourront être inférieurs à cinquante francs.

Ils ne seront négociables qu'après la constitution définitive de la société.

La négociation ne pourra avoir lieu que par voie de transfert sur les registres de la société, et les statuts pourront donner, soit au conseil d'administration, soit à l'assemblée générale, le droit de s'opposer au transfert.

51. Les statuts détermineront une somme au-dessous de laquelle le capital ne pourra être réduit par les reprises des apports autorisées par l'article 48.

Cette somme ne pourra être inférieure au dixième du capital social.

La société ne sera définitivement constituée qu'après le versement du dixième.

52. Chaque associé pourra se retirer de la société lorsqu'il le jugera convenable, à moins de conventions contraires et sauf l'application du paragraphe premier de l'article précédent.

Il pourra être stipulé que l'assemblée générale aura le droit de décider, à la majorité fixée pour la modification des statuts, que l'un ou plusieurs des associés cesseront de faire partie de la société.

L'associé qui cessera de faire partie de la société, soit par l'effet de sa volonté, soit par suite de décision de l'assemblée générale, restera tenu, pendant cinq ans, envers les associés et envers les tiers, de toutes les obligations existant au moment de sa retraite.

53. La société, quelle que soit sa forme, sera valablement représentée en justice par ses administrateurs.

54. La société ne sera point dissoute par la mort, la retraite, l'interdiction, la faillite ou la déconfiture de l'un des associés; elle continuera de plein droit entre les autres associés.

TITRE IV

DISPOSITIONS RELATIVES A LA PUBLICATION DES ACTES DE SOCIÉTÉ.

55. Dans le mois de la constitution de toute société commerciale, un double de l'acte constitutif, s'il est sous seing privé, ou une expédition, s'il est notarié, est déposé aux greffes de la justice de paix et du tribunal de commerce du lieu dans laquelle est établie la société.

A l'acte constitutif des sociétés en commandite par actions et des sociétés anonymes sont annexées : 1° une expédition de l'acte notarié constatant la souscription du capital social et le versement du quart; 2° une copie certifiée des délibérations prises par l'assemblée générale dans les cas prévus par les articles 4 et 24.

En outre, lorsque la société est anonyme, on doit annexer à l'acte constitutif la liste nominative, dûment certifiée, des souscripteurs, contenant les nom, prénoms, qualités, demeure et le nombre d'actions de chacun d'eux.

56. Dans le même délai d'un mois, un extrait de l'acte constitutif et des pièces annexées est publié dans l'un des journaux désignés pour recevoir les annonces légales.

Il sera justifié de l'insertion par un exemplaire du journal certifié par l'imprimeur, légalisé par le maire et enregistré dans les trois mois de sa date.

Les formalités prescrites par l'article précédent et par le présent article seront observées, à peine de nullité, à l'égard des intéressés ; mais le défaut d'aucune d'elles ne pourra être opposé aux tiers par les associés.

57. L'extrait doit contenir les noms des associés autres que les actionnaires ou commanditaires ; la raison de commerce ou la dénomination adoptée par la société et l'indication du siège social ; la désignation des associés autorisés à gérer, administrer et signer pour la société ; le montant du capital social et le montant des valeurs fournies ou à fournir par les actionnaires ou commanditaires ; l'époque où la société commence, celle où elle doit finir, et la date du dépôt fait aux greffes de la justice de paix et du tribunal de commerce.

58. L'extrait doit énoncer que la société est en nom collectif ou en commandite simple, on en commandite par actions, ou anonyme, ou à capital variable.

Si la société est anonyme, l'extrait doit énoncer le montant du capital social en numéraire et en autres objets, la quotité à prélever sur les bénéfices pour composer le fonds de réserve.

Enfin, si la société est à capital variable, l'extrait doit contenir l'indication de la somme au-dessous de laquelle le capital social ne peut être réduit.

59. Si la société a plusieurs maisons de commerce situées dans divers arrondissements, le dépôt prescrit par l'article 55 et la publication prescrite par l'article 56 ont lieu dans chacun des arrondissements où existent les maisons de commerce.

Dans les villes divisées en plusieurs arrondissements, le dépôt sera fait seulement au greffe de la justice de paix du principal établissement.

60. L'extrait des actes et pièces déposés est signé, pour les actes publics, par le notaire, et, pour les actes sous seing privé, par les associés en nom collectif, par les gérants des sociétés en commandite ou par les administrateurs des sociétés anonymes.

61. Sont soumis aux formalités et aux pénalités prescrites par les articles 55 et 56 :

Tous actes et délibérations ayant pour objet la modification des statuts, la continuation de la société au delà du terme fixé pour sa durée, la dissolution avant ce terme et le mode de liquidation, tout changement ou retraite d'associés et tout changement à la raison sociale.

Sont également soumises aux dispositions des articles 55 et 56 les délibérations prises dans les cas prévus par les articles 19, 37, 46, 47 et 49 ci-dessus.

62. Ne sont pas assujettis aux formalités de dépôt et de publication les actes constatant les augmentations ou les diminutions du capital social opérées dans les termes de l'article 48, ou les retraites d'associés, autres que les gérants ou administrateurs, qui auraient lieu conformément à l'article 52.

63. Lorsqu'il s'agit d'une société en commandite par actions ou d'une société anonyme, toute personne a le droit de prendre communication des pièces déposées aux greffes de la justice de paix et du tribunal de commerce, ou même de s'en faire délivrer à ses frais expédition ou extrait par le greffier ou par le notaire détenteur de la minute.

Toute personne peut également exiger qu'il lui soit délivré au siège de la société une copie certifiée des statuts, moyennant payement d'une somme qui ne pourra excéder un franc.

Enfin, les pièces déposées doivent être affichées d'une manière apparente dans les bureaux de la société.

64. Dans tous les actes, factures, annonces, publications et autres documents *imprimés* ou *autographiés*, émanés des sociétés anonymes ou sociétés en commandite par actions, la dénomination sociale doit toujours être précédée ou suivie immédiatement de ces mots, écrits lisiblement en toutes lettres : *Société anonyme* ou *Société en commandite par actions*, et de l'énonciation du montant du capital social.

Si la société a usé de la faculté accordée par l'article 48, cette circonstance doit être mentionnée par l'addition de ces mots : *à capital variable*.

Toute contravention aux dispositions qui précèdent est punie d'une amende de cinquante francs à mille francs.

65. Sont abrogées les dispositions des articles 42, 43, 44, 45 et 46 du Code de commerce.

PROJET DE STATUTS

D'UNE

SOCIÉTÉ CIVILE

EN VUE DE LA

FONDATION D'UNE ÉCOLE CHRÉTIENNE LIBRE

Observations essentielles
au sujet des statuts qui suivent

Plusieurs correspondants ont demandé à la Société d'Éducation et d'Enseignement des projets de statuts. Le Comité du Contentieux a essayé de leur donner satisfaction. Il tient cependant à faire certaines réserves au sujet du travail qui suit :

1° Les statuts préparés par le Comité ne peuvent être utilisés qu'avec discrétion et prudence, car, les circonstances variant, il pourrait se faire que les statuts dussent varier également. Ils doivent donc être plutôt consultés que copiés.

2° Ces statuts indiquent certaines variantes possibles; mais il en est beaucoup d'autres que les circonstances spéciales peuvent comporter.

3° S'il s'agit d'une Société commerciale ou à forme commerciale, ils doivent être nécessairement modifiés dans le sens indiqué par le petit traité qui précède, et il y a des clauses, licites lorsqu'il s'agit d'une Société civile, qui doivent être complètement repoussées s'il s'agit d'une Société à forme commerciale.

4° Nous ne pouvons que demander de nouveau à nos correspondants de ne jamais arrêter les statuts des Sociétés qu'ils se proposeraient de former sans les avoir soumis à leurs Conseils.

Projet de statuts d'une société civile

Par devant M^e. . . . . et son collègue, notaires
à. . . . . soussignés,
Ont comparu :
1° M. V.
2° M. X.
3° M. Z. etc., etc.
Lesquels ont établi de la manière suivante les statuts de la
Société civile qu'ils entendent former entre eux :

*La loi n'impose pas aux parties la forme notariée; l'acte peut être
sous signature privée. Dans ce cas, il suffira de dire :*

Entre les soussignés,
1° M. V.
2° M. X.
3° M. Z., etc., etc. (*Si la Société revêt la forme anonyme, les
associés doivent être au moins au nombre de sept; ce nombre n'est
pas obligatoire dans les sociétés purement civiles.*)

Il a été convenu et arrêté ce qui suit :

ARTICLE PREMIER.

Il est formé entre les comparants et les personnes qui
deviendraient propriétaires d'une ou plusieurs des parts
sociales indiquées dans l'article 3 ci-après, une Société civile
qui a pour but :

L'acquisition d'un immeuble sis à. . . . . et, s'il
y a lieu de tous autres immeubles. . . . . . .

*Si la Société ne se propose pas d'acquérir des immeubles, mais
seulement de les louer il suffira de dire :*

La location d'un immeuble sis à . . . . et, s'il y
a lieu, de tous autres immeubles . . . .
pour y rétablir des Écoles libres de (*jeunes filles ou jeunes
garçons*), y assurer l'exploitation de ces écoles et y former tous
autres établissements du même genre.

*Si la Société n'a pour but ni l'acquisition d'un ou plusieurs im-
meubles, ni leur location, mais seulement l'exploitation d'une école*

dans un local fourni gratuitement, par exemple, par un particulier, il suffira de dire :

L'exploitation d'une école (de jeunes filles ou de jeunes garçons) dans la commune de. . . . . (1)

A cette fin, acheter ledit immeuble (*bien entendu, si tel est l'objet de la Société*), y faire toutes appropriations et y élever toutes constructions, le tout sans que la Société puisse faire aucun acte de nature à être considéré comme un acte de commerce, les actes de commerce lui étant expressément interdits ; louer ou vendre (*s'il y a lieu*) ledit immeuble à. . . . . (*indiquer la congrégation ou le locataire, ou dire simplement :* à toute personne qui sera choisie par le Conseil d'administration établi dans les articles suivants), et ce dans les conditions prévues par l'article 2 des présents statuts, et généralement faire tout ce qui rentrera dans l'objet de la Société.

Cette Société sera régie par les articles 1832 et suivants du Code civil, sauf les modifications résultant des articles ci-après.

Les sociétaires entendent constituer par ces présentes l'être juridique dit « Société », consacré implicitement par les articles 529 et 1860 du Code civil.

La dénomination de la Société sera : Société civile immobilière (*ou seulement* Société civile, *si elle n'a pas un caractère immobilier*) de. . . . . (*indiquer le nom choisi :* L'ÉCOLE DE X, *par exemple ; si la Société devait revêtir la forme anonyme, il faudrait dire :* SOCIÉTÉ ANONYME DE. . . . . .)

Le siège social sera à. . . . . Le Conseil d'administration sera toujours libre de transporter le siège social dans un autre local, et ce par une simple délibération.

---

(1) Il peut arriver que la Société se propose, à la fois, l'acquisition d'un immeuble, la location d'un autre immeuble et l'exploitation de l'Ecole ; il est évident alors que les statuts devront réunir les trois formules ci-dessus indiquant le triple but de la Société ; comme aussi il suffirait de choisir deux de ces trois formules, si la Société ne visait que deux des trois objets qui viennent d'être indiqués. Il est utile de remarquer que, sauf par une modification des statuts, la Société ne peut rien changer ni ajouter à son objet, mais qu'il ne lui est pas interdit de ne remplir qu'une partie de cet objet, si bien qu'il n'y a pas d'inconvénients, et qu'au point de vue de l'avenir il peut même y avoir avantage à ne pas limiter d'une façon trop étroite, par l'acte constitutif, le champ des opérations sociales.

ARTICLE 2.

La Société sera administrée et représentée vis-à-vis des tiers par un Conseil de. . . . . (*indiquer le nombre des membres du Conseil*) personnes, nommées sous l'article 8, et de celles qui, en cas de décès, de retraite ou d'élection, seraient appelées à les remplacer, dans les conditions ci-après indiquées.

Les sociétaires présents délèguent et ceux à venir seront réputés avoir délégué leurs pouvoirs à ce Conseil.

Pour toute action judiciaire intéressant la Société, le Président du Conseil d'administration sera seul en cause, tant en demandant qu'en défendant, à tous les degrés de juridiction sans qu'il y ait lieu à justifier d'aucune délibération du Conseil. Le Président pourra cependant exiger cette délibération pour sa déchage vis-à-vis des associés.

Ceux des membres du Conseil d'administration qui concourront par leurs signatures aux engagements contractés au nom de la Société seront seuls tenus, après épuisement de l'actif social, des conséquences desdits engagements sur leur fortune personnelle au delà de leur mise sociale. Les administrateurs pourront également s'affranchir de cette responsabilité, en ayant soin de stipuler, vis-à-vis des tiers avec lesquels ils contracteront, une décharge spéciale de leur fortune personnelle au delà de leur part sociale. Les autres membres du Conseil d'administration, ainsi que les sociétaires non délégués pour l'administration, ne pourront jamais être tenus au delà de leur mise sociale. Ils seront affranchis de toute responsabilité d'engagements qu'ils n'auraient pas signés et qu'ils ne donnent pas présentement pouvoir de contracter pour eux. En conséquence, les tiers n'auront à poursuivre l'exercice de leurs droits que sur l'actif de la société et sur le patrimoine des sociétaires qui se seraient engagés par leurs signatures, les autres sociétaires se trouvant, par le fait seul de leur abstention, affranchis de toute responsabilité au delà de leur mise sociale.

Le Conseil, qui nommera un président (*et, s'il y a lieu, un vice-président*), un secrétaire et un trésorier, se réunira aussi souvent que les affaires de la Société l'exigeront.

En cas d'absence du président (*et du vice-président, s'il y en a un*), les membres présents désigneront celui d'entre eux qui devra présider.

Les décisions seront prises à la majorité des voix. Trois membres, au moins, du Conseil devront prendre part à la délibération pour qu'elle soit valable.

Il sera dressé, sur un registre spécial, procès-verbal de chacune des délibérations, et le procès-verbal, signé du président et du secrétaire, fera foi vis-à-vis des tiers intéressés, auxquels il en sera, en cas de besoin, délivré copie.

Le Conseil, délibérant dans les termes des statuts, pourra emprunter, soit de particuliers, soit d'établissements de crédit, avec ou sans hypothèque, en une ou plusieurs fois, telle somme qu'il jugera convenable, signer tous actes en conséquence, recevoir le montant de ces prêts en argent ou en obligations, à son choix, et convertir ces obligations en argent.

(*Ce pouvoir d'emprunter, laissé au Conseil d'administration, peut sembler excessif, et en effet il pourra quelquefois être sage soit de le supprimer tout à fait, soit de le limiter à une certaine somme, soit enfin d'en subordonner l'usage à une autorisation de l'Assemblée générale. La clause ci-dessus pourrait être modifiée en ce sens.*)

Toutes locations actives ou passives, tous achats d'immeubles, leur revente, tous travaux à faire auxdits immeubles, tous échanges avec ou sans soulte, toutes constitutions de servitudes, les marchés à passer, les traités à faire, et généralement tout ce qui rentre dans le but de la Société, tous les actes à accomplir en son nom comme personne civile, ainsi que tous les actes de liquidation de la Société, sont décidés par le Conseil et lient tous les sociétaires. Le président, de plein droit, et s'il est empêché, tout autre membre du Conseil, mais ce dernier agissant en vertu d'une délégation spéciale dudit Conseil, pourront signer valablement tout acte ou quittance, donner décharge, requérir tout transfert et en un mot assurer vis-à-vis des tiers l'exécution des décisions prises par le Conseil, en vertu des pouvoirs que lui confère le présent article. Il pourra de même, et en vertu du même mandat, toucher tous capitaux, indemnités d'expropriation, créances quelconques sur les administrations publiques, compagnies de chemins de fer, sociétés de crédit, banques, etc., et en donner quittance.

Si un ou plusieurs des membres du Conseil se trouvaient absents dans le sens légal de ce mot, ou autrement incapables, s'ils venaient à décéder ou à donner leur démission, droit qui est accordé même aux membres du Conseil désigné par les présentes, les autres membres pourvoiraient à leur remplacement par voie d'élection, chacun des membres ainsi élus devant continuer ses fonctions pendant le temps qu'auraient duré celles du membre remplacé.

Le Conseil nommé par les présentes restera en fonctions pendant trois ans ; il sera ensuite renouvelé annuellement et par tiers. Les membres sortants pourront toujours être réélus.

Toute élection des membres du Conseil devra être faite par ceux de ses membres qui ne seront pas soumis à l'élection et à la majorité des voix.

L'élection aura lieu à la majorité des membres présents.

ARTICLE 3.

Le fonds social est actuellement fixé à la somme de. . . . . . . (*indiquer la somme*).

Il peut être augmenté par une simple délibération du Conseil d'administration.

Il est divisé en. . . . .(*indiquer le nombre de parts*) parts de (*indiquer l'importance de chaque part*) (1).

Les comparants ont souscrit, savoir : 1° M. V. . . . . . parts (*indiquer l'importance de chaque souscription*).

2° M. X. . . . .

3° M. Z. etc., etc. . . . .

Le tout, ainsi constaté par un tableau sur timbre à 1.80, à enregistrer avec les présentes et qui leur demeurera annexé.

Les souscripteurs se sont libérés, savoir :

1° M. V. . . . .

(*indiquer les souscriptions entièrement ou partiellement libérées*).

(1) Dans les sociétés anonymes ou à forme anonyme, la part ou action doit être de 100 francs au moins. Dans les sociétés civiles, les associés sont libres de fixer à leur gré la valeur de la part sociale. — L'acte peut se borner à faire figurer les fondateurs, sans porter les noms des simples souscripteurs.   .....

2° M. X. . . . .

3° M. Z. etc, etc. . . . . . .

Les souscripteurs, qui ne se sont pas encore libérés, s'engagent à parfaire leurs versements, savoir :

1° M. V. . . . . (*indiquer s'il y aura un ou plusieurs termes pour la libération, le montant de chacun de ces termes, l'époque de son exigibilité*).

2° M. X.....

3° M. Z... etc., etc.

Le montant des souscriptions non versé produira intérêt à 5 %, à compter de l'exigibilité.

Les parts sociales non encore souscrites appartiennent à la Société, qui en demeurera propriétaire jusqu'à leur émission. L'époque de cette émission sera fixée par le Conseil d'administration, suivant les circonstances (1).

---

(1) Cette dernière clause ne saurait prendre place dans les statuts d'une société civile à forme anonyme, parce que, dans ces sortes de sociétés, le capital doit être entièrement souscrit au moment de la constitution.

Tout ce qui précède s'applique dans le cas où le capital social est un capital à fournir en argent. Mais il peut arriver souvent que le capital soit fourni tout à la fois en argent et en apports d'immeubles ou de constructions. Dans cette hypothèse, ce que nous venons de dire ne peut régir que le capital argent. Quant aux apports, l'acte devra être ainsi rédigé :

Le fonds social est actuellement fixé à la somme de. . . . . . . (ajouter, pour l'indication de la somme, la valeur donnée aux apports et l'importance du capital en argent). — *Il peut être augmenté par une simple délibération du Conseil. — Le fonds social appartient aux comparants dans les proportions suivantes, savoir : 1° tant de parts à M. V. . apporteur d'un immeuble sis à.* . . . . . . *de la valeur de.* . . . . . *suivant estimation de.* . . . . *architecte, ladite estimation portée à la connaissance de tous les comparants, vérifiée et acceptée par eux. 2° Tant de parts à M X. apporteur de constructions élevées sur un immeuble sis à.* . . . . . *, lesdites constructions de la valeur de.* . . . . *, suivant estimation de.* . . . . *, architecte, ladite estimation portée à la connaissance de tous les comparants, vérifiée et acceptée par eux. 3° Tant de parts à M. Z., souscripteur de la somme de.* . . . . . 4°. . . . . (le reste comme au texte).

S'il s'agit d'une Société civile à forme anonyme, l'estimation des apports en nature doit être dite *provisoire* dans les statuts et *sous réserve de l'approbation de l'Assemblée générale.* Pour les Sociétés de cette sorte il faut, en effet, avant leur constitution définitive, une Assemblée générale qui nomme des commissaires chargés de vérifier les apports en nature, puis une seconde Assemblée générale qui, statuant sur le rapport des commissaires, approuve les apports.

Il n'est pas indispensable d'ailleurs que les statuts contiennent aucune clause de cette nature; les pouvoirs du Conseil d'administration suffiront à prendre sur ce point les mesures nécessaires.

Toute adjonction d'un sociétaire nouveau, qui sera la conséquence d'une nouvelle émission de parts, sera constatée par un acte à la suite des présentes avec signature du nouvel associé et du président du Conseil, qui agira au nom de la Société tout entière, en vertu du droit de représentation qui lui est dès à présent expressément conféré à cet effet.

Le titre de chaque sociétaire consistera en un extrait des présentes, ainsi que des actes ultérieurs qui pourront augmenter le fonds social ou modifier les statuts. Cet extrait leur sera délivré à leurs frais.

(*La Société peut aussi prendre à sa charge les dépenses des extraits à délivrer. Elle peut aussi, si elle a revêtu la forme anonyme, créer des titres ou actions ; mais, dans ce cas, ces actions sont soumises à l'impôt du timbre.*)

La propriété de chaque part sera indivisible à l'égard de la Société.

Les héritiers ou représentants d'un sociétaire décédé, incapable ou absent, dans l'acception légale du mot, seront considérés, dans le cas prévu par l'article 7 ci-après, comme n'existant pas dans la Société jusqu'à ce qu'ils aient fait choix d'un seul d'entre eux pour les représenter et qu'ils aient notifié ce choix au Conseil d'administration.

Toute transmission d'une part sociale se fera conformément aux dispositions du Code civil ; elle ne pourra être opposée à la Société, qui n'aura elle-même à en tenir compte que lorsqu'elle aura été notifiée au président du Conseil d'administration, et au vice-président ou au secrétaire, dans le cas où cette transmission aurait lieu au profit du président ; la signification sera mentionnée sur un registre spécial de mutation, tenu au siège de la Société pour le bon ordre. La cession devra être autorisée par le Conseil d'administration, qui pourra toujours l'autoriser de préférence au profit d'un sociétaire et moyennant un prix à déterminer tous les ans par l'Assemblée générale, sur le vu du bilan. Le Conseil devra, à peine de déchéance de ce droit, en user dans le mois qui suivra la signification à lui faite, comme il vient d'être dit ci-dessus. En cas de concurrence de plusieurs sociétaires ainsi autorisés, la préférence appartiendra à celui qui aura le premier notifié son intention au président du Conseil d'administration. Il sera fait état au Siège social de ceux des associés qui voudraient cesser de faire partie de la Société et auraient signifié ce désir au président du Conseil d'administration, ainsi que de ceux des associés qui voudraient acquérir de nouvelles parts.

Dans le mois qui suivra la notification, faite comme il est dit ci-dessus, de toute transmission d'une part sociale, la Société pourra, par l'organe de son Conseil d'administration, exercer, en cas de changement dans la propriété des parts sociales, le retrait desdites parts, moyennant le payement, pour chaque part, d'une somme à déterminer chaque année, d'après le bilan, par l'Assemblée générale.

La Société pourra, quand le Conseil d'administration en décidera ainsi, devenir acquéreur à l'amiable de tout ou partie des droits des associés.

(*S'il s'agit d'une Société civile à forme anonyme, la clause relative au rachat par la Société des parts sociales doit être passée sous silence, ce rachat étant interdit.*)

ARTICLE 4.

Les bénéfices réalisés sur les produits annuels seront distribués chaque année aux associés, proportionnellement à leur mise sociale, après prélèvement d'une somme d'au moins 5 % à titre de réserve.

(*Les statuts peuvent indiquer qu'un prélèvement sera fait sur les bénéfices, jusqu'à concurrence d'une certaine somme destinée à former un fonds de réserve; mais ce prélèvement, nécessaire dans les Sociétés anonymes, n'est que facultatif dans les sociétés purement civiles.*)

Deux années après leur échéance, les dividendes non réclamés seront acquis à la Société, sans qu'il y ait lieu de recourir à aucune mise en demeure préalable.

ARTICLE 5.

La durée de la Société est de. . . . . . . .années qui commenceront le. . . . .

La Société pourra se proroger, se dissoudre par anticipation, se fusionner avec une autre société, modifier ses statuts;

mais le Conseil d'administration aura seul le droit de prendre
l'initiative de ces mesures, qui devront être soumises à une
Assemblée générale extraordinaire.

Pour délibérer valablement, cette Assemblée devra compter
un nombre de sociétaires représentant au moins la moitié des
parts sociales, et les votes devront réunir au moins les voix
des trois quarts des sociétaires présents ou représentés. Les
convocations devront être faites par lettres recommandées et
annoncer l'objet de l'Assemblée.

ARTICLE 6.

Une Assemblée générale sera réunie chaque année pour
prendre connaissance de l'inventaire social, entendre les
comptes, les approuver ou les contester.

(*Dans les Sociétés anonymes, des commissaires doivent prendre,
avant la réunion de l'Assemblée générale, connaissance des comptes
et faire un rapport à l'Assemblée; cela n'est pas nécessaire dans les
Sociétés civiles.*)

Elle devra se réunir extraordinairement, s'il y a lieu de délibérer sur l'un des objets prévus en l'article 5 ci-dessus.

Les sociétaires sont convoqués à l'Assemblée par lettres
qui leur sont adressées huit jours au moins à l'avance.

(*Sauf l'augmentation de frais qui en résultera, les statuts peuvent
exiger que les convocations soient faites par lettres chargées.*)

Les lettres sont signées par le président et le secrétaire du
Conseil (1).

Aucun mandataire d'un associé n'est admis, s'il n'est lui-
même sociétaire.

L'Assemblée est régulièrement constituée lorsque, sur une
première convocation, les sociétaires présents en personne ou
par mandataire représentent le quart du fonds social. Si le
quart du fonds social n'est pas représenté dans cette première
Assemblée, une autre Assemblée, tenue à quinze jours au
moins d'intervalle, sera nécessaire, et ses délibérations seront valables, quel que soit le nombre des parts représentées.

(1) Une convocation par voie d'annonces dans les journaux serait suffi-
sante.

Chaque part sociale donne droit à une voix dans la délibération. Les délibérations sont prises à la majorité.

(*Si un seul actionnaire possède un très grand nombre de parts, les statuts peuvent limiter son influence dans l'Assemblée générale en ne lui accordant qu'une voix, par exemple, par cinq parts, ou toute autre proportion.*)

Les délibérations sont constatées par des procès-verbaux qui seront signés, de même que les copies à délivrer aux tiers et devant faire foi envers eux, par le président et le secrétaire de l'Assemblée générale. Le président du Conseil préside l'Assemblée générale et désigne le secrétaire.

L'Assemblée générale ne peut délibérer que :

1° Sur l'approbation ou le rejet des comptes annuels ;

2° Sur ceux des intérêts de la Société que le Conseil d'administration juge convenable de soumettre à son examen. Les décisions de l'Assemblée générale n'obligeront, dans aucun cas, les associés envers les tiers, lesdits associés ne pouvant et ne devant, dans leur propre intérêt, s'immiscer dans la direction des affaires de la Société et devant se borner à donner de simples avis.

Tout autre objet de délibération est interdit à l'Assemblée générale.

Article 7.

La liquidation totale de la Société ne pourra avoir lieu avant l'expiration de sa durée, sauf dans le cas prévu par l'article 5. Cette liquidation se fera par les soins du Conseil d'administration, qui sera en fonctions au moment de cette liquidation. Les présents statuts donnent à cette fin au Conseil les pouvoirs les plus étendus. En conséquence, il pourra vendre de gré à gré ou aux enchères, en totalité ou par lots, aux prix, charges et conditions qu'il jugera le plus avantageux, les biens de la Société ; il pourra en toucher le prix, consentir mainlevée de toutes inscriptions ou oppositions, en un mot, réaliser l'actif social par la voie qu'il jugera convenable, en recevoir le produit, régler et acquitter le passif sans être assujetti à aucune forme, ni formalité judiciaire.

Il pourra même apporter dans une autre Société, qui aurait le même objet que la présente Société, les biens et immeubles sociaux, pour la valeur qui leur serait attribuée à dire d'experts.

Le Conseil pourra déléguer un ou plusieurs de ses membres pour faire les opérations de la liquidation.

L'absence, le décès, la minorité ou autres incapacités de l'un ou de plusieurs des sociétaires n'entraineront pas la dissolution de la Société, par dérogation à l'article 1865 du Code civil. Le conjoint ou les héritiers, ainsi que tous autres représentants des sociétaires absents, décédés ou frappés d'incapacité civile, ne pourront, soit au cours de la Société, soit au cours des opérations de liquidation, faire apposer les scellés sur les valeurs et papiers de la Société, ni exiger aucun inventaire ou état de situation, ni former aucune demande en partage ou licitation, les droits afférents à chaque part sociale ne devant s'ouvrir qu'au moment de la liquidation. La même interdiction existera pour les héritiers et représentants de l'épouse, commune en biens, de l'un des sociétaires venant à décéder au cours de la Société ou de la liquidation.

ARTICLE 8.

Sont nommés membres du Conseil d'administration de la Société MM.

(*Suivent les noms.*)

Ces Messieurs nommeront entre eux, dans leur première séance, les président (*vice-président, s'il y a lieu*), secrétaire et trésorier. Chaque année il sera procédé à ces nominations, après qu'il aura été procédé au renouvellement du Conseil, ainsi qu'il est dit sous l'article 2.

ARTICLE 9.

Pour l'exécution des présentes, chaque sociétaire fait élection de domicile au siège social.

SOCIÉTÉS CONSTITUÉES DANS LA FORME CIVILE.

N. B. — Tous les actes passés avec les tiers devront commencer par la formule suivante, qui constate la connaissance qu'ils ont eue et l'acceptation qu'ils ont faite de la clause statutaire qui précède :

« Nous, soussignés (*architectes, entrepreneurs, fournisseurs, etc.*),
« déclarons avoir pris connaissance entièrement d'un acte en
« date du. .   .   . contenant les statuts d'une Société
« civile, statuts aux termes desquels les associés n'ont donné
« aucun pouvoir de les engager sur leur fortune personnelle,
« les Membres du Conseil d'Administration qui auront signé
« les marchés ou donné les ordres devant être seuls obligés
« sur leur fortune personnelle, lorsqu'ils n'auront pas limité
« leur responsabilité à leur apport dans la Société, et nous
« renonçons expressément à exercer aucun recours ou action,
« tant contre les associés que contre les Membres du Conseil
« d'Administration, au delà de leur mise sociale, acceptant
« pour seule garantie l'actif de la Société. »

TABLE DES MATIÈRES

APPENDICE

15033. — PARIS. IMPRIMERIE F. LEVÉ, RUE CASSETTE, 17.

9 782013 253079